AF712214

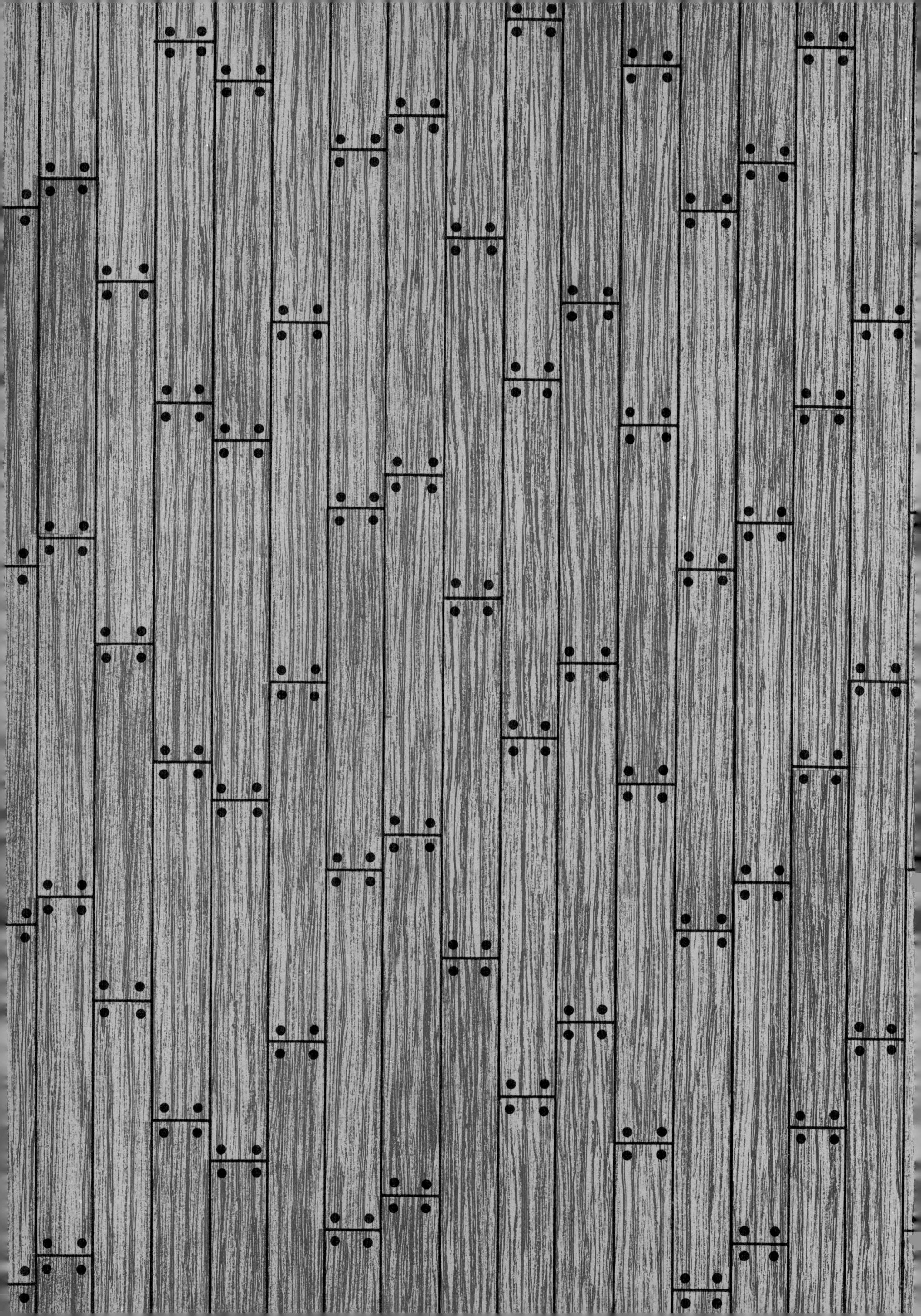

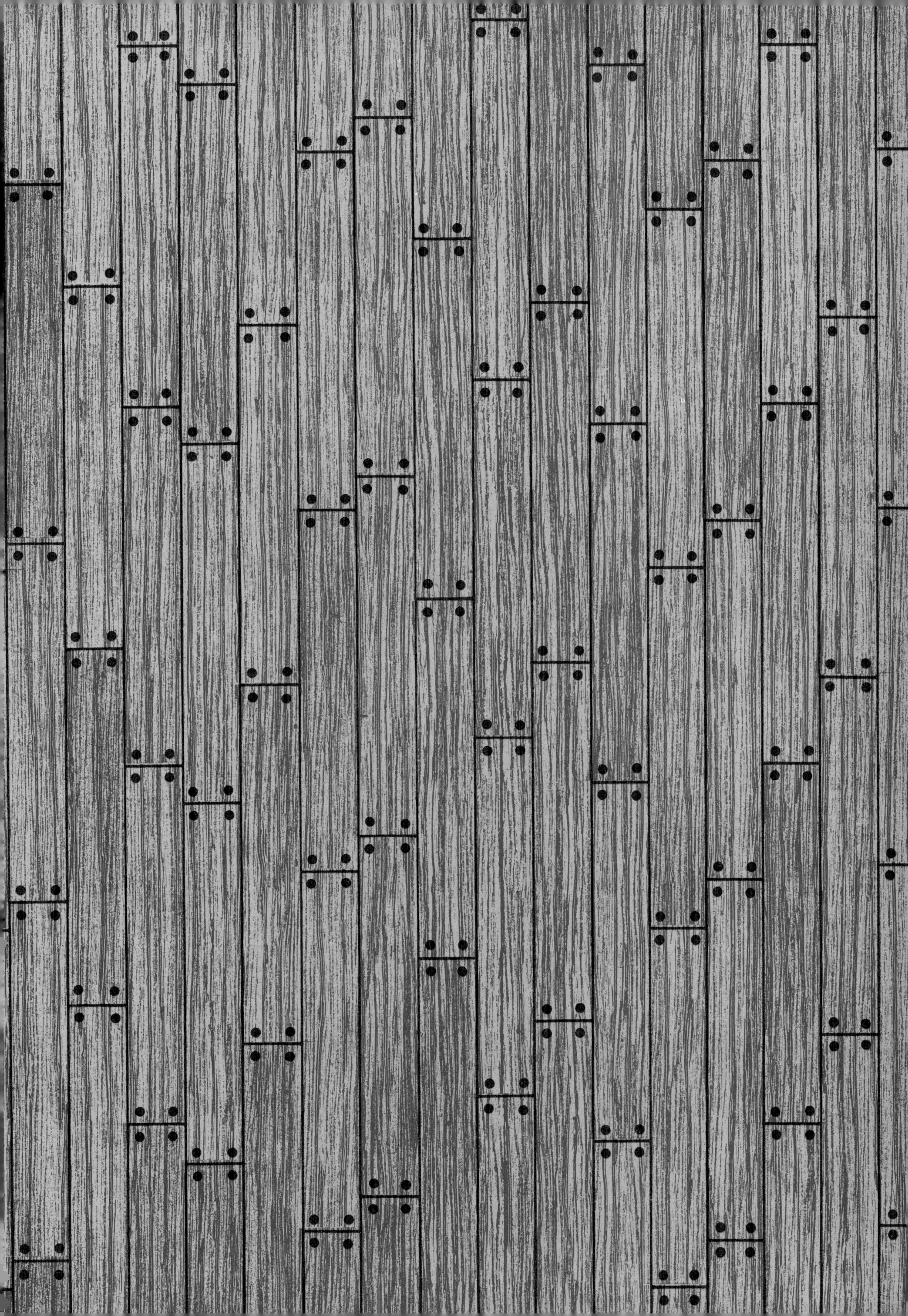

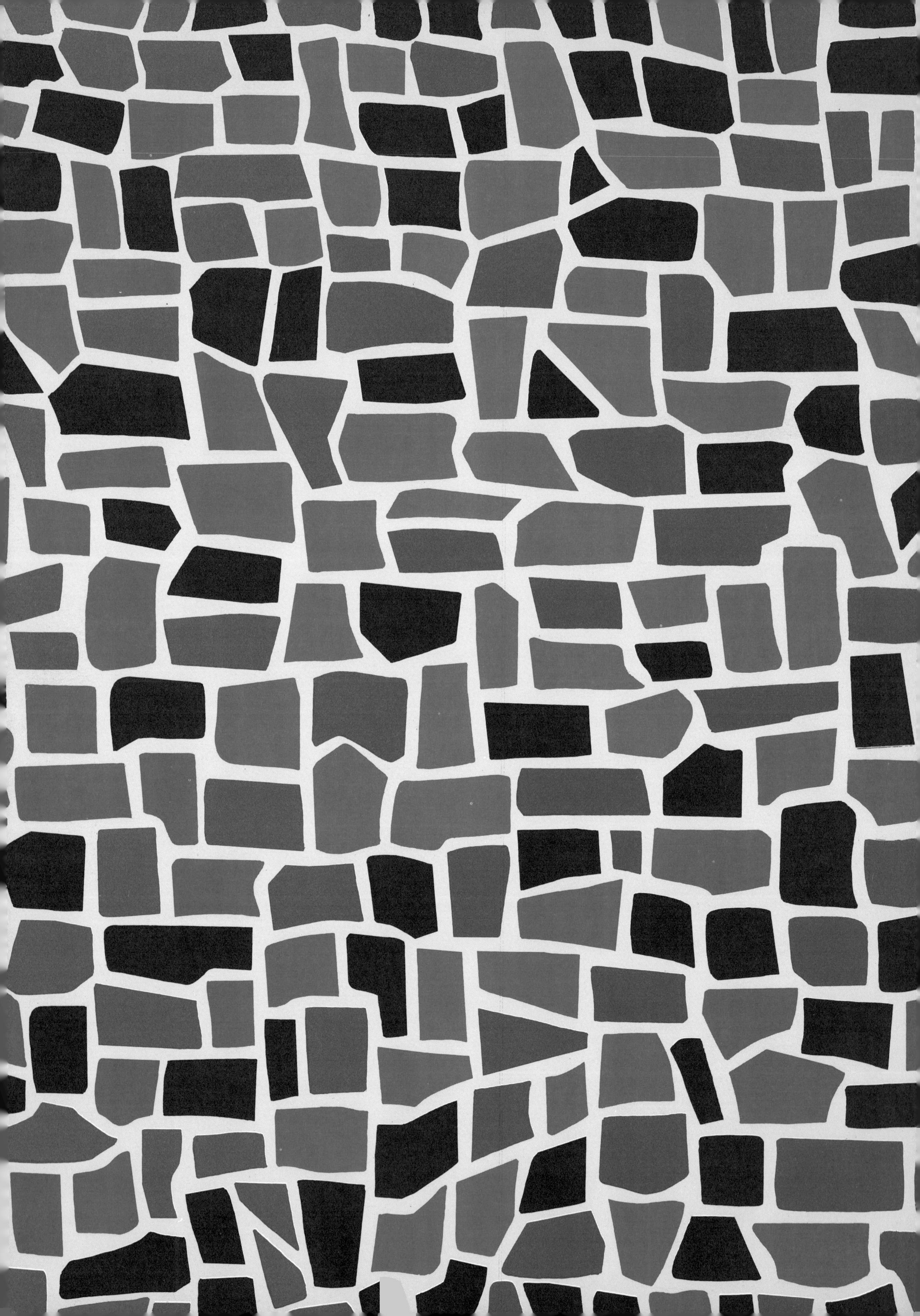

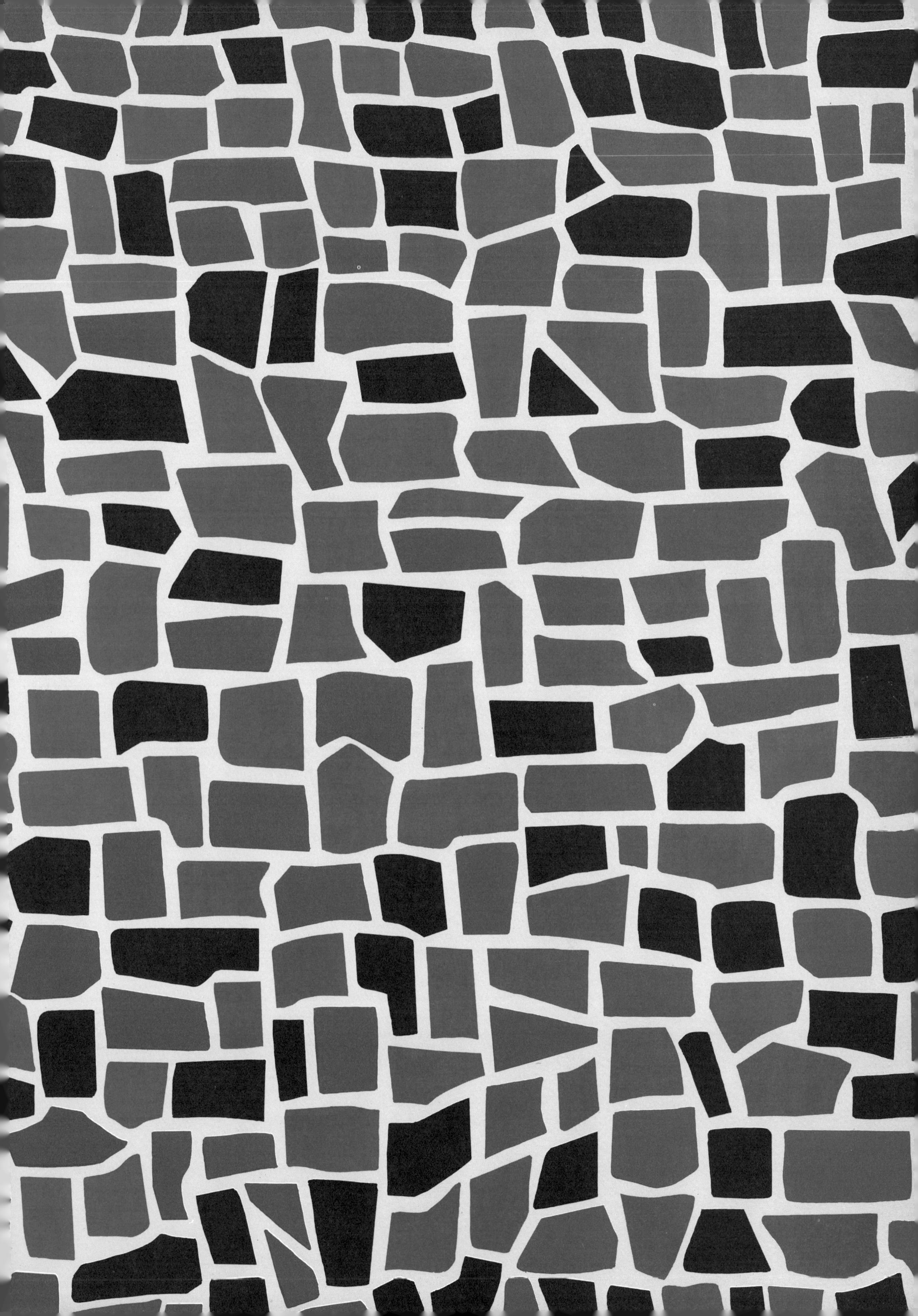

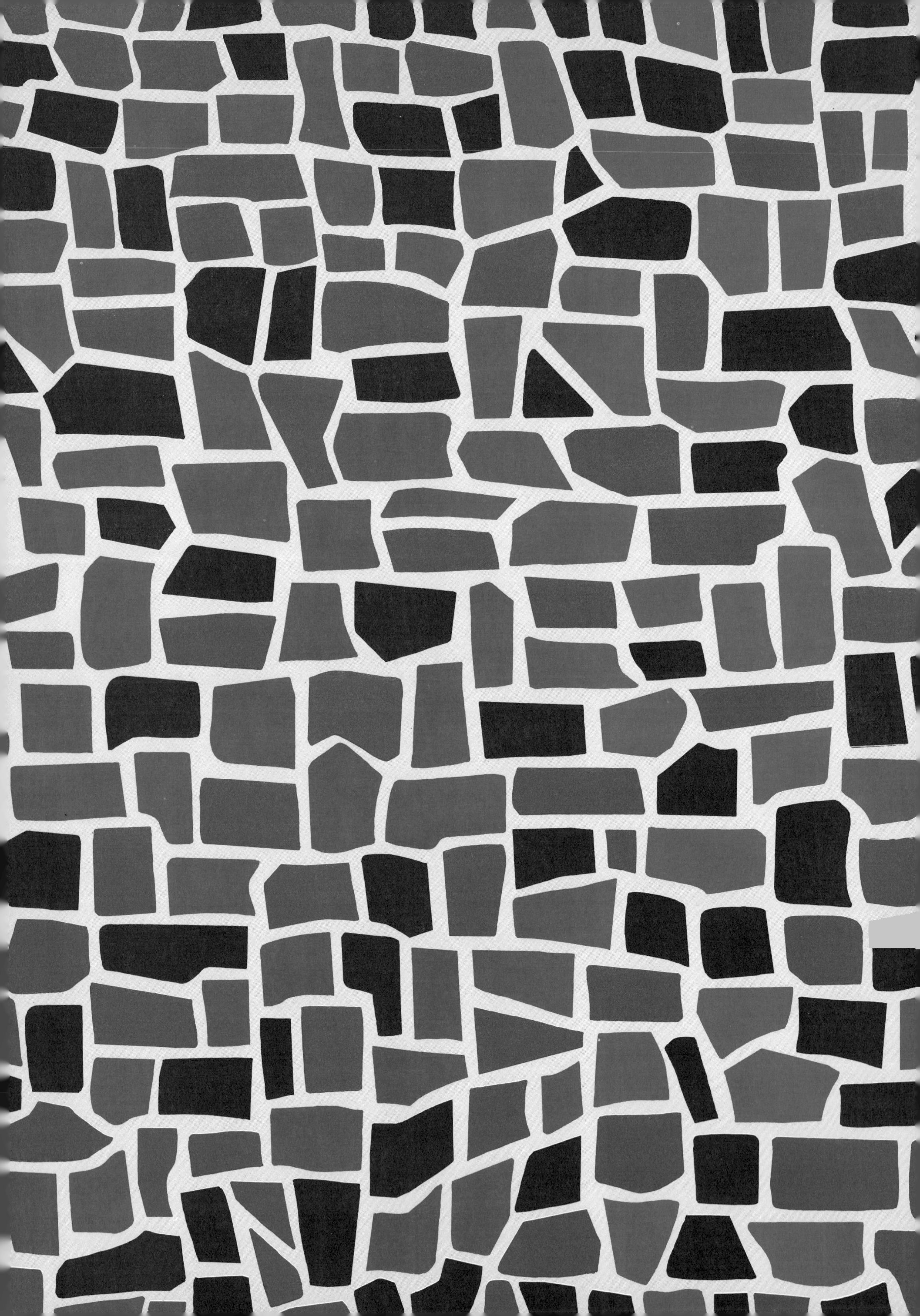

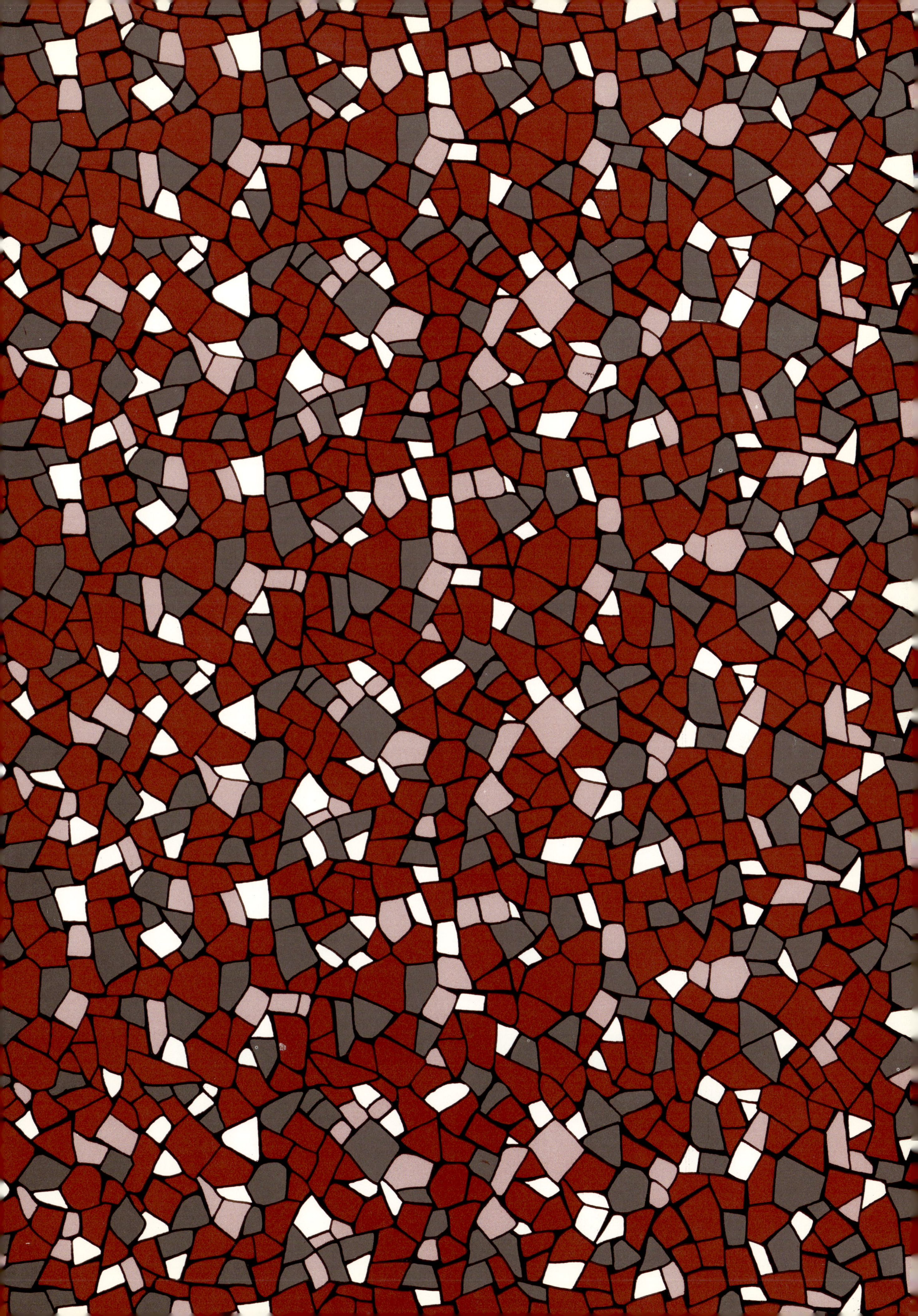

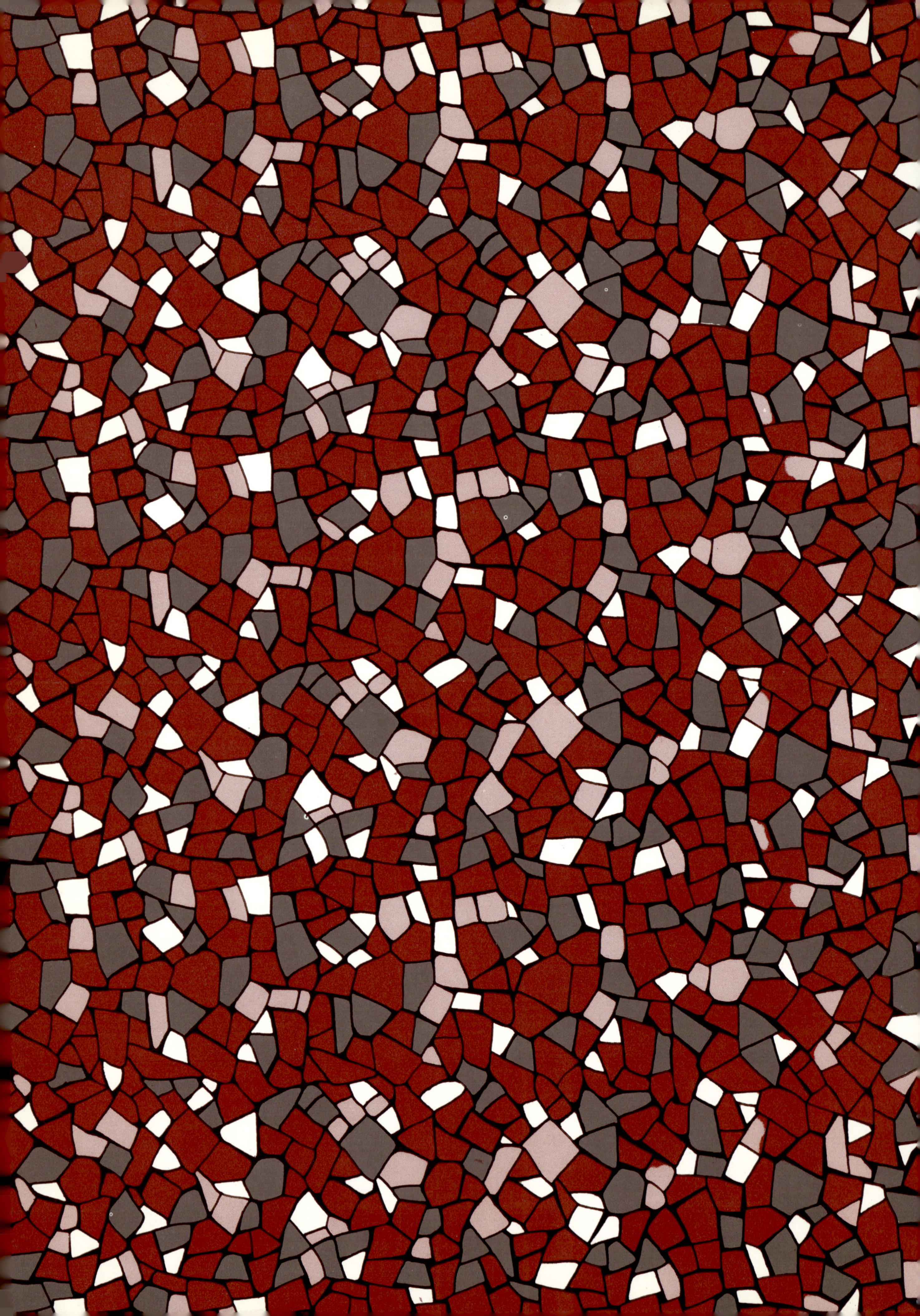

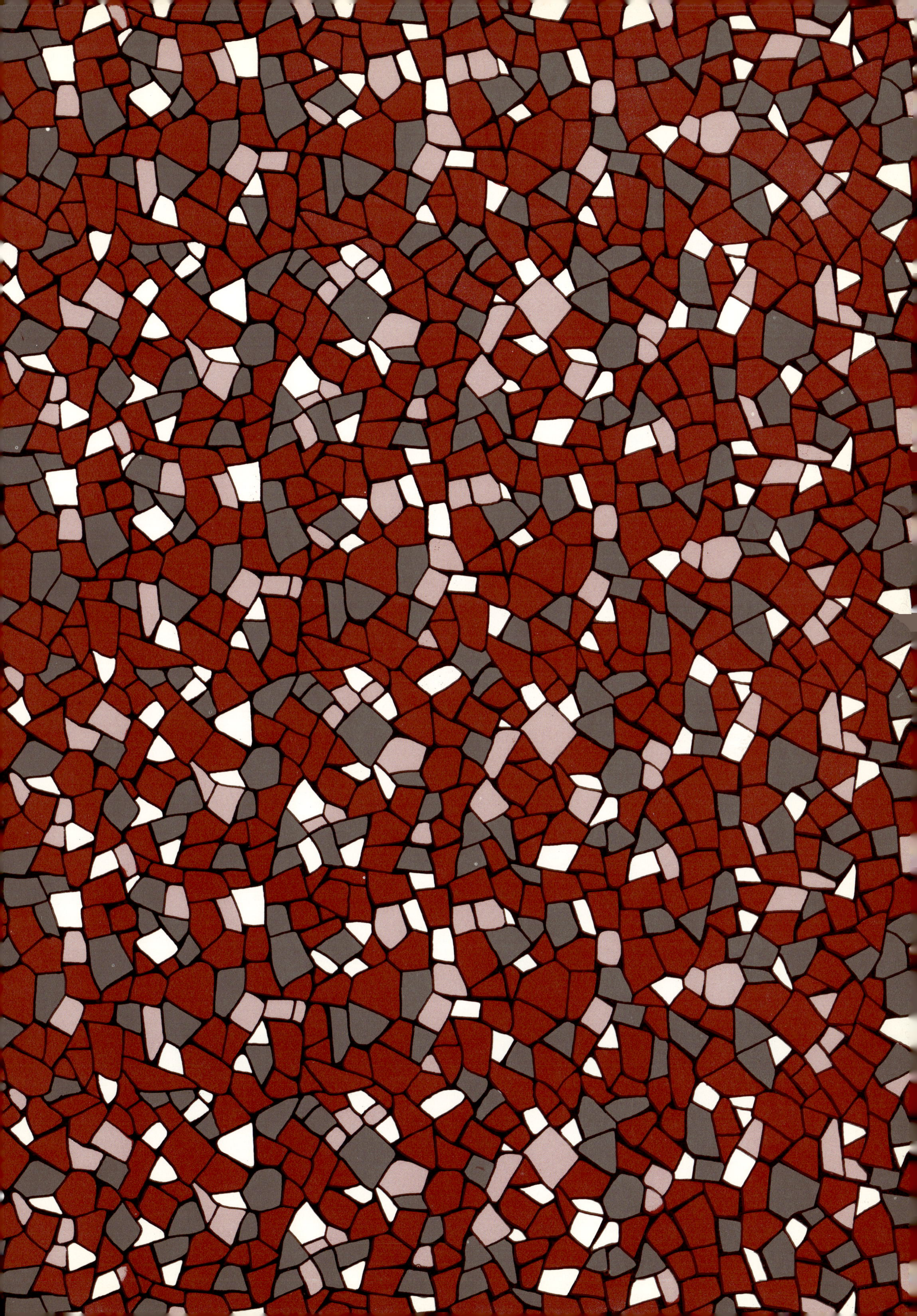